AF599859

GRAFFITI

POESÍA

HUERGA & FIERRO EDITORES

HUERGA Y FIERRO EDITORES, S. L. U.
C/ SEBASTIÁN HERRERA, 9
28012 MADRID (ESPAÑA)
TELÉFONO: 91 467 63 61
E. MAIL: huerga@huergayfierro.com
WEB: www.huergayfierro.com

PRIMERA EDICIÓN
2024

DISEÑO DE ÁNGEL LUIS VIGARAY
© ANDREA BERNAL
© FOTOGRAFÍA DE LA AUTORA: MARÍA BERNAL
© ACUARELA, PÁG. 9: ANDREA BERNAL
© HUERGA Y FIERRO EDITORES, S. L. U.
DEPÓSITO LEGAL: M-10309-2024 — I. S. B. N: 978-84-128506-7-3
IMPRESO EN ROMADAC Industria del Libro.
IMPRESO EN ESPAÑA

CUALQUIER FORMA DE REPRODUCCIÓN, DISTRIBUCIÓN, COMUNICACIÓN PÚBLICA O TRANSFORMACIÓN DE ESTA OBRA SOLO PUEDE SER REALIZADA CON LA AUTORIZACIÓN DE SUS TITULARES, SALVO EXCEPCIÓN PREVISTA POR LA LEY. DIRÍJASE A CEDRO (CENTRO ESPAÑOL DE DERECHOS REPROGRÁFICOS) SI NECESITA FOTOCOPIAR O ESCANEAR ALGÚN FRAGMENTO DE ESTA OBRA
(www.conlicencia.com; 34 91 702 19 70 / 34 93 272 04 47)

ONDINA

Andrea Bernal

ONDINA

ANDREA BERNAL

GRAFFITI

HUERGA & FIERRO EDITORES

ONDINA

¿Quién puede adivinar cuánta firmeza ha enseñado al pescador la roca golpeada por el mar?

R.W. EMERSON

I

De un país que no conozco,
cuyos bordes se difuminan en el horizonte,
brotan verticales ramas.
Transparente:
vida,
hombre,
y alta elipse,

el mundo retrocede bajo el agua.

II

Está muerta.
Nosotros somos felices.
Todo comienza con la puerta verde que se abre.
El insospechado suceso sostiene del futuro
el segundo primero.

Si lo fortuito no hubiera adivinado la vida,
sería realidad este sueño oscuro, este sueño.
Mas oye la puerta,
se abre,
impersonal,
intacta,
y cae,
tela de araña.

Está muerta.
Nosotros somos felices.

III

Lloverá en ti,
miles de siglos que no hablan.
Parece que las niñas han saltado a la comba toda su vida.
Hay un desierto detrás de los glaciares,
el agua es un espacio muy pequeño que nos asalta por las noches.

IV

A tu pez,
la memoria.
Barranco al mar
que detenemos
en cada milímetro de un
fugitivo abrazo.

Te dije
—Mi ombligo es fértil,
de él nacerán tres jacintos blancos.

V

Así que no eres tú.
—dijiste—
No puedes ser tú,
pues no es tu sombra atravesada.
Son dos lánguidas horas muertas,
en un jardín bajo gardenias recostadas.
Y es la piedra quien te grita mientras giras
la cabeza hacía la orilla de Alegranza.

VI

Amaneció muy tarde,
y el silencio fue
desplegando y doblando a su vez,
la pálida alfombra azul.
Venció la manera intermitente de
agua clara.
Durante nueve meses,
perfil de invierno,
rogué que se girase,
al tímido rostro de mi hija,
la palabra.

VII

Voy mirando todas las casas.
Vidas circunscritas de cada hombre,
olas domésticas de cada habitación,
tambor de niño,
roca y palabra.
Tarde de paloma muerta y rayo azul,
voy mirando todas las casas.

VIII

En la mampara, sin mirar hacia atrás, incólume
a todo desastre, flota un cisne de hielo
CECILIA CASANOVA

Es la primavera que llueve,
no la nube de pájaros cantores,
con batutas de orquesta,
ni esta niña
de enfermas buganvillas y tez pálida.
Si existe muerte en primavera,
ha de bautizarse:

Perpetua flor quemada,
hombre enamorado que tropieza.

IX

Te abrirás.
De eso trata el mundo:
de abrir:
Oruga o polilla
de seda incandescente.
El mundo lleva
un niño en el costado.

Todo anzuelo sorteado
también perece.

X

Una ardilla muerde la luna.
Pronuncio una ley impracticable,
seres vivos que nos señalan su revolución palpitante.
Contra tapias, hormigones y asfaltos,
el salto que acostumbro a realizar
también es mi ardilla imaginaria
y su colmillo.
Escribo,
contra toda forma
de coacción.

XI

Toqué la creación con mi frente. Sentí la creación en mi alma. Las olas me llamaron a lo hondo. Y luego se cerraron las aguas

José Hierro

Quería comunicarme con un Dios,
ese territorio peligroso.
Lobos negros se encienden en el cuello,
un delirio casi divino.
Huele a muerte,
gaviota manchada de hollín
en el paraíso que ustedes prefieran.

XII

Me iré alejando,
me iré alejando,
me iré alejando,
ustedes dirán adiós desde la orilla,
yo les diré adiós desde mi barca.

Un péndulo avanza:
haz de olas.

Está permitido.
A las doce en punto,
levanten la aurora.

XIII

Todo vencer no es cosa humana.
Dioses alocados deciden un firmamento en llamas.
Habrás vencido cuando conozcas su dolor
y enciendas para otro
tu faro nocturno.

XIV

Desde la incómoda torre te acercas,
hemos estado en la prisión juntos sin saberlo.

También el cielo tiene un ápice color rojo
y la catedral procura guardar sus aullidos.

Giras y me miras:
¿El tiempo avanza o nos da la vuelta?

De tan humano,
tan humano,
la naturaleza bosteza con tu hombro paralelo al mío,
rozando la incorrección de mi costado.

Habrá quién diga que estas oraciones,
tal como el amor,
carecen de sentido.

Sobre la hierba juegas a esconder vencejos,
la tímida luz nos adelanta.

Crearon los números para la longitud del sol,
pero la longitud de sus piernas posee el ritmo inadecuado.

Juntos recitamos la paradoja:

Diez-treinta-cincuenta-setenta-noventa,
descubierto el secreto amenaza la tormenta.

Giras tu rostro y me miras:
¿El tiempo avanza o nos da la vuelta?

Diez-descanso,
cincuenta-luz,
setenta-descanso,
noventa-luz,
aguja anciana,
la brisa ilógica de nuestro amor no se lamenta.

Por fin,
amor relato.
CLACK!

Ellos se confunden,
nos ven,
nos giran.
CLACK!

La vida de la no vida,
la vida equilibrando,
su propia vida muerta.

XV

No es posible que la mosca se introduzca tan rápida en el ojo.
La niña del sombrero de paja está triste sin su vestido de encaje.

Dicen que ve con estrabismo, pero es por inconsistencia del girar,
por un haz inentendible en adultos
de formas y sentencias.

Demasiado pronto,
demasiado pronto,
la mosca en su ojo izquierdo salvará las apariencias.

Nos dirá mareada:
—No vivo más que para recordar la imperfección vital y las ausencias.

La niña del insecto está otorgada de magia.
Cuando con su dedo índice eleva al gato cazamoscas
y lo apresa,

la mosca herida guardará en su vientre
la poquita miel que le alimenta.

XVI

Un día hermoso
en el país de los elfos.
El lagarto de mármol serpentea en la voz.

La niña de acero,
de boca blanca,
sin permiso del roble,
abre una flor.

Tarde ha caído
la mano a las manos,
la incipiente primavera entra en erupción.

De ojos puntiagudos y cabello lacio,
la niña canturrea en alemán su canción.

Was ist das so weit.
Was ist das,
Was passiert mit dem Herz...
Was mit Herz ist los...

Zarandea el arbusto,
sus ramitas quinceañeras,
estrangula con sus manos la hoja contra el mentón.

Was ist das so weit.
Was ist das,
Was passiert mit dem Herz.
Was mit Herz ist los...

Un rabilargo en el tronco
abre su pico feroz,
se traga marzo de un bocado:

La niña, el roble, la flor.

Was ist das... Se oye a lo lejos

Was ist das so weit,
Was passiert mit dem Herz,
Was mit Herz ist los...

XVII

Sin tiempo de abrir puertas de templos.
La mujer prescinde de su vestido largo y camina recta.
Atraviesa con nuevos propósitos calles y casas ajenas,
recoge el conejito asfixiado de su regazo y atraviesa la iglesia.
Sin tiempo de abrir puertas de templos,
la córnea visual de su matriz
sube a la bóveda,
chocita de pelaje animal,
nudo de rojo secreto.
No tiene tiempo,
no tiene tiempo de abrir
la puerta de los templos.

XVIII

No existe este hombre,
ni esta mujer.
Están en el Atlántico,
no existen,
pero tal vez...
Son la piel que trota en este caballo.
Todo lo que imagino está cubierto por oscura Ondina.
No existe tiempo, ni voz.
No existe este hombre,
esta mujer,
estos caballos.
Pero actúan.
Y es posible que ustedes lo vean.
Una mano asciende en el mar.
Nos pide auxilio
la negra música del Atlántico.

XIX

He estado de pie toda mi vida, avisándote,
que yo también tenía un hacha,
que yo también podía cortar la vida de alguien si me lo proponía
a pedazos,
pero normalmente mi animal nocturno reposaba pronto.
Así te salvaron,
las horas de un negro reloj.

XX

Este vacío:
Los ojos vacíos, la boca vacía, el cuerpo vacío,
—que en su decrepitud baila hasta la aurora—
es un vacío siempre lleno,
y es así,
su paradoja.
Como este conejo,
escondido en Treviso,
apegado a su bosque,
en venas de un niño.
Existe en su ser,
por ser solo escrito,
salta y asalta
mi realidad en delirio.

XXI

Entonces escojo el meñique
para tapar exactamente la esfera solar reflejada en el mosaico.
Cuando tuerce su cara despistada
—él no me ve—
será el momento,
y yo podré atrapar orgánicamente:
Luz de luces.

XXII

Lloverá, pero ya seremos otros,
y los ríos serán de tinta y lumbre.
A tus pasos firmes,
oscuros,
canté todo lo silvestre.
Pero ya seremos otros.
—Escaleras que nadie avisa—.
Hay una rama atravesando tu regato,
entre ortigas te descalzarás.
Así sabrás que has amado.
Un pico abierto ordenará que llueva,
y traerá lumbre a nuestro río,
año tras año.

XXIII

A las horas de este pecho blanco,
hundido,
lleno de serpientes,
sabrá regresar la espuma.

XXIV

Ojos que no han mirado lo suficiente.
qué armonía,
qué camino,

qué huella,

dejarán en resurrección.

XXV

Igual que lobo callado,
sin tropiezo,
al acecho, al acecho.
En otras tierras,
huésped anónimo,
tras el helecho.
Al perro miedoso,
adiós.
Bajo tierra,
con rugido de un viento interior,
al acecho, al acecho,
ha venido.
Qué vértigo en las nubes
y qué poca verdad aquí.

XXVI

He aquí que llega la mayor nube de alados. Está formada por bandadas de pájaros llegadas de todas partes. Es de un gris azul muy cargado y no hay rayo de sol que la pueda atravesar

SELMA LAGERLÖF

Aquí, en el ahuecado pan en la boca del niño.
La casa de serrín, la pólvora, el cabestrillo, el color adobe y la piel dorada.
Aquí,
la pobreza aprieta.
Y cuando es allí,
nos hunde.
Los de allí vinieron,
los de aquí nunca nos fuimos.
Mas los de aquí vinieron:
Cruzando océano,
un veld sudafricano radiante de flores.

XXVII

Gracias a algo que no sé,
tú volverás.
La mano hundida y el animal herido.

XXVIII

El pez, el pez.
El pez estaba sobre su mano negra.
Con una mueca me dijo:
"¿Te gusta el pescado, mi niña?"
Miraba el anzuelo.
Por un segundo miré todos los anzuelos.
Todas nuestras bocas abiertas y ensangrentadas.
Caer para volver a ascender hacia la muerte,
colgaditos de un sedal.
El pez, el pez.
O yo misma,
o tal vez nosotros.

XXIX

Todo desaparecerá,
pensó la abeja.
En su cromática lineal la última noche vestiría de azul.
Exuvia recién planchada.
Todo desaparecerá.
Se despedirá de todas las plantas.
Dónde quedarán los hombres,
los seres temblorosos de dos patas.
Todo desaparecerá,
pensó la abeja.
Soy un animalito,
condenado a su indefinición.
Todo desaparecerá,
pensó la abeja.
Sobrevoló el final del mundo,
tiempito de oro,
tango de verano sin flores
para una íntima y solitaria danza.

XXX

Pájaros rojos
acumulan el algodón de esta nieve.
Octubre aquí.

XXXI

Las islas son las uñas del abismo
AURORA LUQUE

Viento y azufre,
tú podrás decir que la vida es esto.
Zarandea imposible y cruje,
deja caer,
caernos entre tus manos.
El inmenso triángulo inflama.
Sus dedos de lava invitan
a derramar
todo indicio
de artificialidad.
Viento y azufre,
tú podrás decir que la vida es esto.
Entre lobo y lobo estamos juntas.
Nos distancia solo una confusión temporal
llamada Años.

XXXII

¿Y si la Luna tuviera una puerta?
Los niños empujan un pórtico ovalado
y abren la esfera.
Después nos acarician
con una mancha de plata en sus manos.
—La Luna también destiñe—
¿Y si la Luna tuviera una puerta?
El espacio siempre será un *aquél*,
lo llevamos juntos en dos ojos inalcanzables.
Es lo común del hombre,
esa puerta que abre su madre cuando nace,
un grito circular que une su vida con su muerte.
Otra Luna posible
o *rendición*.

XXXIII

La sombra no es sombra
si tu no la zarandeas.
Nadie viene a enseñar la boca de sus muertos.
Esto es un momento diferente.
El azul opiáceo dijo adiós.
Todos los muebles se olvidaron las hojas en el escritorio.
Ya no son parte de ti
por algún motivo
los astros dormirán

en cualquiera de tus noches.

XXXIV

Irremediablemente,
una mañana.

Cuesta nacer en el rugir de las horas.
Después volverás a ser
entre plumas, cráneos, cenizas,
el destello de la roca,
el pico de la garza que te alcanza.

No temas los viajes,
siempre hay dos brazos esperando.

Irremediablemente dentro,
una mañana,
surgirá
un secreto vital y
con la primera respiración
podrás decir:

No comparto este cedro,
este cedro es solo mío,
como esta infancia.

XXXV

Hemos sido vencidos,
o esos,
o ellos,
aquellos,
por cuántos,
cuántos años.
A mi amor venció tu ceguera.
Son por siglos y siglos entre hombres,
las mismas guerras y fracasos.

XXXVI

La nieve que bebías de mi pecho,
¿Dónde está ahora?
¿Qué duende la guarda?
¿En qué invierno?
La nieve que bebías de mi pecho...
¿Para qué nuevos niños caerá?
¿Sobre qué jardín extenso?
De un futuro con necesidad de alimentar...
A dónde irá la nieve
extraída,
derramada,
afluente de mi pecho.

XXXVII

Estoy inquieta, aspiro a cosas lejanas; olvido,
siempre olvido, que no tengo alas
MAITREYI DEVI

Por algún motivo existe una estación equivocada.
Lo saben los brotes que discutieron ayer con los insectos
malhumorados.
Junto a la nieve yacen moscas de verano,
y cantan ruiseñores en picos de aviones,
los peces de vapor se van flotando...
Existe una estación equivocada.
¿Dónde están nuestros mamíferos?
La estación habita debajo de una esférica alfombra.
No se lo digas a otros hombres.
La descubrirán.
A pesar de este secreto,
decidirán esconderse bajo la alfombra
La descubrirán,
shhhh
en cualquier caso...

XXXVIII

Si cada una de estas piedras fuera un nombre,
un hombre vivo.
un canto para rodear con espuma por igual,
forma de un mar que se construye,
ángulo buscando su propia redondez...
Cuántas...
Cuántas piedras podríamos contar en esta
alargada playa
llamada a tejer en lo común.

XXXIX

No temas retroceder,
son estos dos duendes los que
te han puesto piedras
en los zapatos.
Brinca.
El blanco saldrá despedido contra el negro.
El negro saldrá despedido contra el blanco.
Subirá a tu mano una púa de erizo.
Con ella estas a salvo y podrás visitar
todos los lugares.

XL

Pronosticar.
Una endeble recogida de lo pequeño.
Poder llevar esta isla en una mano.
Su arena cayendo de mis dedos,
sus piedras en la muñeca van pesando...
rodeando palabras exhaustas
y
levedad.
Introducir manos en la mar.
Pronosticar.
Una endeble recogida de lo pequeño.
Moluscos que nos constituyen,
fragmentados.

XLI

Vamos a zarpar pronto,
muy pronto,
lo cual quiere decir que, aunque tu conozcas el significado
de este verbo,
la eslora, la botavara y el motor rugiéndonos
ese terror nuestro que se aleja de la tierra...;
voy a desordenar en alta mar su boca,
todos los significados,
el trayecto.
Porque ellos tampoco saben a dónde van,
tal vez,
como nosotros...
y este catamarán, con sus dos patitas,
desata la inestabilidad entre dos cuerpos.
Vamos a zarpar muy pronto.
Entonces abrirás tu boca al agua salada
y dos delfines saldrán saltando de cada uno de tus oídos.
Lo advertí.
Puedo cambiar significados.
Ser una balsa y no un catamarán.
Una balsa que el mar mece aleja o destroza,
aleatoriamente.
Tal vez solo así consiga
llamarlo amor.

XLII

Ya que el tiempo se nos da de beber, su inmensidad oceánica se recoge y se da a beber en un vaso minúsculo; instantes que no pasan, instantes que se van, vislumbres, entre visiones, pensamientos inasibles, y otro aire y aun otro modo de respiración...

María Zambrano

Esto que llamas vivir,
y es coser,
y es tejido,
labor
de otros,
no-humanos,
mar de millones de cuerdas
voz de un solo predicado.

XLIII

Voy cosiendo los troncos
de los fresnos circundantes de San Giulio.
Una vena más rodeando una isla protegida.
Estos fresnos son el coro de una muerte.
Todos cerramos un corazón en algún momento.

Hay quién pretende llamarlo destino.

XLIV

Han imaginado el mundo de las horas.
No tiene color en apariencia.
Sencillas puntas o lanzas,
de algo que llamaron minutos o segundos,
y decidieron vencer a las estaciones.
Han imaginado el mundo de las horas,
su engranaje.
Pero no el tiempo descosido y su temblor.

XLV

Toda la noche en eso que llaman ciudad para los otros...
¿Quién recoge musgo, horas, cortinas?
Toda la noche en el vértice de un tejado,
poniendo agua donde no llueve,

desde el pico de tu golondrina.

Feroz.

ÍNDICE

ONDINA

Esta obra
se acabó de imprimir
con los auspicios de
Charo Fierro y
Antonio J. Huerga, editores

FINIS CORONAT OPUS